Elme-Marie Caro

La République
et
les Républicains

essai

ISBN : 978-1535334570

10 9 8 7 6 5 4 3 2 1

Elme-Marie Caro

La République
et
les Républicains

essai

Table de Matières

Partie I.

Si cruelles que soient les circonstances que nous traversons, et qui resteront une des parties les plus sombres et les plus désolées de notre histoire, jamais la république n'avait rencontré une occasion si favorable à son établissement. En 1848, elle avait semblé à beaucoup de bons esprits inutile, inopportune, prématurée. Au mois de septembre 1870, si le parti qui avait pris le fardeau du pouvoir n'avait pas été précisément un parti, ce qui l'amenait fatalement à commettre des fautes irréparables, la république avait de grandes chances de prévaloir, je ne dis pas comme une forme absolue, définitive, imposée aux générations futures, mais comme une grande et sérieuse tentative de conciliation et de paix publique. L'accumulation même de nos infortunes ajoutait des chances à son succès en décourageant les prétendants. Une situation si triste suggérait aux bons citoyens le désir de faire cette fois l'expérimentation décisive de la seule institution qui n'ait pas été mise encore sérieusement à l'épreuve, et qui, peut-être plus heureuse que toutes les autres, marquerait une ère nouvelle, la fin de la révolution commencée en 1789, toujours reprise à divers intervalles et continuée jusqu'à nos jours. Après quatre ou cinq restaurations plus ou moins éphémères de tous les principes monarchiques connus, tous écroulés successivement dans l'espace d'une génération à laquelle aucun n'a eu la force de survivre, à ce moment de crise suprême et sous le coup des désastres sans nom qui nous accablent, quand tout est renversé, sauf l'image ensanglantée de la patrie, la république pouvait être, elle pourrait être encore la garantie de la dignité pour chacun, le salut de tous. En s'y prenant bien, simplement et honnêtement, on aurait persuadé sans peine au pays, seul juge après tout et seul maître, qu'elle était visiblement dans l'ordre de ses intérêts, de ses convenances, au lendemain des grandes catastrophes, et quand l'accord semblait impossible sous un autre nom que celui-là. Elle se fût acclimatée parmi nous avec moins de résistance qu'on ne le croit, pourvu qu'elle nous eût offert une tolérance réciproque entre les souvenirs qui nous divisent, un respect mutuel entre tous les citoyens de bonne volonté.

Parmi toutes les institutions, n'était-ce pas la plus large dans le sein de laquelle tous les partis auraient honorablement abdiqué, où

Elme-Marie Caro

se seraient réconciliées sans humiliation les dissensions du passé, toutes celles du moins qui n'étaient que des manières différentes d'aimer la France ? Non, ce n'étaient pas seulement les républicains d'origine, de doctrine ou de sentiment qui devaient trouver là le refuge et la consolation de leurs épreuves ; c'étaient aussi les partisans du principe monarchique, fatigués de ces espoirs sans issue et de ces recommencements sans fin, — sauf peut-être la portion exaltée du parti légitimiste, celle qui élève la dynastie au-dessus de la souveraineté nationale, provoquant et préparant ainsi d'autres exagérations en sens contraire. C'était surtout cette multitude très considérable et très digne de respect, quoi qu'on en dise, des hommes d'ordre et de travail qui soutenaient le dernier gouvernement par cette unique raison qu'il était un gouvernement, et qu'il en faut un au commerce et à l'industrie. À côté, mais en dehors d'eux, s'était formé un autre groupe fort nombreux dans ces dernières années, celui des conservateurs libéraux qui reléguaient au second plan la question de la forme du gouvernement, uniquement appliqués à la réforme de ce qui existait, attentifs à cette parole de bon conseil d'un philosophe célèbre : « qu'il y a toujours profit à faire l'économie d'une révolution. » Ceux qui, à tort ou à raison, avaient conçu cet espoir, croyant à la loyauté des intentions et à la bonne volonté des hommes de qui il eût dépendu de fonder l'empire libéral, étrangers d'ailleurs au conseil et à l'action, et par conséquent à toute responsabilité dans l'origine de ce pouvoir et dans la politique des désastres qui en a marqué le terme, ceux-là avaient bien le droit de répudier une connivence même de désir dans des projets de restauration qui ne seraient plus aujourd'hui que de coupables intrigues. Enfin les sectes extrêmes elles-mêmes, les socialistes, je parle de ceux qui sont sincères et qui ne font pas de leur doctrine la parure et le prétexte du désordre, auraient trouvé dans un gouvernement de libre discussion et de progrès ouvert des conditions favorables à leur propagande pacifique, la seule sur laquelle ils aient le droit de compter. Dans cette énumération des groupes divers de l'opinion publique, n'ai-je pas compris à peu près tout le monde ? La France n'est-elle pas là, sauf les fanatiques et les intrigants ? Or la vraie France, le pays dans ses éléments sérieux, n'avait aucune répugnance pour cette forme d'institution, pourvu qu'elle fût hospitalière et protectrice pour tous. La république était pour tous les partis le plus honorable asile, à la condition de n'être pas elle-même un parti.

Outre les raisons de circonstance qui, dans cette crise suprême, militaient en faveur de la république, il y a tout un ordre de considérations liées au mouvement général des esprits qui recommande cette forme de gouvernement comme plus capable qu'aucune autre de s'ajuster aux conditions de la société nouvelle, telle que l'a faite la démocratie. Parmi ces conditions, j'en distingue deux spécialement : le suffrage universel et la liberté presque absolue de la presse, qui sont aussi difficiles à modifier qu'à supporter pour une monarchie. Quelque jugement que l'on porte d'ailleurs sur ces deux formes de la liberté, ou, si l'on aime mieux, du libéralisme moderne, un gouvernement est tenu de s'en accommoder et de vivre avec elles, ce qui n'est pas facile, j'en conviens. Aussi longtemps que cela lui fut possible, la dernière monarchie avait tenté de maîtriser la presse par le régime administratif, le suffrage universel par les candidatures officielles. Quand les circonstances devinrent pressantes et les exigences de l'opinion impérieuses, lorsqu'il fut évident que la tutelle de la presse et du suffrage allait être ravie au pouvoir, il se vit perdu, et la guerre follement déclarée, follement conduite, fut un coup de désespoir. — Cette dynastie a disparu ; mais toute monarchie, quels que soient son origine et son nom, se trouvera fatalement aux prises avec la même difficulté. Il faudra qu'elle vive avec le suffrage universel et la liberté de la presse, ou qu'elle périsse par eux. Or je ne comprends guère qu'une monarchie, c'est-à-dire une personnalité, puisse subsister moralement au-delà de quelques années (la lune de miel des dynasties), qu'elle puisse garder ce qui lui est nécessaire de son prestige aux yeux du pays sous ce double assaut, l'un quotidien, celui de la presse opposante à tous les degrés, de la discussion perpétuelle, de la malveillance systématique et du dénigrement passionné, — l'autre périodique, celui du suffrage universel, destiné par sa mobilité même à se tourner tôt ou tard contre un pouvoir qui, à tous les autres griefs relevés amèrement par les partis, aura joint le plus impardonnable grief, celui d'avoir duré longtemps. La stabilité d'une monarchie paraît chose incompatible avec ces prodigieuses fluctuations de l'opinion devenue souveraine et irresponsable. Que fera-t-on pour parer à ce péril certain ? Proposera-t-on de restreindre le suffrage

Elme-Marie Caro

universel ? Plusieurs y pensent ; qui osera le faire ? À une pareille tentative, la république de 1849 a succombé. Prétendra-t-on le diriger ? On revient par là aux candidatures officielles, dont on a vu le résultat. Quant à la presse, c'est devenu un principe indiscutable pour la démocratie de lui laisser une liberté sans limites à peine tempérée par le jury, qui n'est lui-même qu'une forme très libre et très mobile de l'opinion publique. Que cela soit un bien ou un mal, là n'est pas la question ; ce n'est pas une thèse que je discute, c'est un fait que je constate, et qui s'impose. Eh bien ! que l'on essaie donc de faire vivre une monarchie entre ce double courant du suffrage universel et de la presse libre ! Oui, elle pourra se maintenir quelque temps, s'il arrive que ces deux courants se portent en sens contraire, elle leur devra alors son équilibre ; mais quel équilibre instable ! Il arrivera fatalement un jour où ces deux courants se joindront avec une force irrésistible, et fatalement aussi ce jour-là la monarchie, si légitime, si indiscutable qu'elle soit dans ses origines, sera emportée comme une paille par le torrent. Seule, la république, par sa nature même, par la souplesse de ses ressorts et le jeu de toute sa machine, peut résister à de si terribles assauts. Le renouvellement périodique des chambres et des pouvoirs doit, théoriquement au moins, suffire et pourvoir à toutes les exigences, même contradictoires, de l'opinion. Il est vrai que la réalité diffère sensiblement de la théorie dans un pays comme le nôtre où les mœurs politiques ne sont pas même ébauchées, où des minorités passionnées se refusent à subir la loi des majorités, et répondent par des coups de fusil aux scrutins qui les condamnent. Même dans ce cas, la république a un triste, mais sérieux avantage sur les monarchies. Quand elle se défend, tout le monde sent d'un sûr instinct que c'est la société elle-même qui se défend directement et sans intermédiaire. Elle seule peut sans scrupule imposer par la force l'ordre légal, c'est-è-dire le respect des majorités. Avec une monarchie, tout devient difficile. Si elle ne mesure pas ses coups avec une circonspection extrême, elle se perd infailliblement. L'opinion s'irrite bientôt de voir ! la cause dynastique, c'est-à-dire une cause personnelle, mêlée à des répressions sanglantes. Si la monarchie se défend faiblement, elle se perd d'une autre façon ; l'émeute la déborde. Seul, un pouvoir anonyme, expression directe et indéfiniment renouvelable du pays, peut et doit avoir cette salutaire audace de défendre l'ordre à tout prix.

Pour toutes ces raisons, j'estime que la république avait les plus grandes chances en sa faveur. Je connais la grande objection, la seule. Elle a été renouvelée dans ces dernières années avec une précision singulière et cet air de grandeur que M. Cousin imprimait à toutes les idées dans une page trop oubliée, et que je suis heureux de remettre en lumière. On y verra l'empreinte vivante de cette sollicitude patriotique avec laquelle il suivait les destinées de la France dans le passé et par l'induction dans l'avenir, mêlant son âme à celle de son pays dans ses fortunes diverses, dans le labeur incessant de ses agitations, dans les crises orageuses de sa rénovation politique et sociale. « Il ne faut pas trop nous émouvoir de ces crises, nous disait-il dans ces conversations illuminées de raison et parfois presque prophétiques qui étaient l'éclatant commentaire ou la préparation de ses écrits, il ne faut surtout jamais désespérer de la fortune de la France ; mais pour y travailler utilement il faut tâcher de voir clair dans ses aptitudes et s'appliquer à discerner sa vraie destinée des destinées artificielles que les partis prétendent lui imposer. » Et c'est ainsi que nous vîmes naître, au milieu de ces entretiens dont la familiarité n'excluait pas la plus haute éloquence, cette belle page, insérée dans une de ses dernières publications : « Nulle part, la liberté politique n'a été l'œuvre d'un jour. L'Angleterre n'y est arrivée qu'après un demi-siècle d'agitations effroyables et à travers les révolutions les plus contraires. Eh bien ! la France en est encore là. Ainsi que l'Angleterre, elle a tour à tour conquis, possédé, perdu la liberté, et le faîte du majestueux édifice de la société française n'est point achevé. Selon nous, la première, l'impérieuse condition du succès, ici comme en tout le reste, est de rejeter enfin toute imitation étrangère, soit de l'antiquité, fort belle assurément, mais qui n'a rien à voir avec le monde moderne, soit même de l'Angleterre, qui a son génie à part qu'elle a gravé dans ses institutions, et dont l'ardent et profond patriotisme devrait bien avertir et animer le nôtre, soit surtout de l'Amérique, qui, éclose hier au bord de l'Océan, dispersée en d'immenses déserts, ne sachant pas où elle va, s'abandonne à ses instincts aventureux, et se joue encore impunément du temps et de l'espace. Nous, vieille nation rajeunie et retrempée par la révolution française, entourés de toutes parts de puissants voisins qui nous admirent,

Elme-Marie Caro

nous redoutent et nous surveillent, nous avons une situation et par conséquent une destinée particulière ; il nous faut donc rechercher de sang-froid le régime politique que réclament et comportent nos vrais besoins, notre propre caractère, nos qualités et nos défauts, le génie de notre race tel qu'il reluit dans notre histoire. Or cette histoire, sérieusement interrogée, nous apprend que notre pays est à la fois profondément monarchique et profondément libéral. La France est libérale jusqu'à la démocratie ; elle n'est pas le moins du monde républicaine. La république n'est ni dans notre situation géographique, ni dans nos instincts, ni dans nos mœurs. Aussi elle n'a jamais été et ne peut jamais être chez nous qu'une crise violente et passagère qui amène inévitablement à sa suite l'anarchie et la tyrannie. Elle n'alarme pas seulement ce qu'on nomme les classes supérieures ; elle épouvante encore plus peut-être toute cette immense bourgeoisie, si honnête, si laborieuse, si intelligente, que des insensés calomnient, et qui est encore la plus grande force de l'état. »

Voilà l'objection dans toute sa force. La France, nous dit-on, interrogée dans son histoire, étudiée dans ses vrais besoins, son propre caractère, ses défauts, le génie de sa race, répond qu'elle est essentiellement et par tempérament monarchique. — Ce genre d'arguments me laisse, je l'avoue, en défiance. Je dirais aussi justement en étudiant l'histoire des quatre-vingts dernières années : « la France a le tempérament révolutionnaire. » Les deux propositions contiennent, bien qu'étant contraires, une part égale de vérité. On disait du gouvernement de la France au dernier siècle que c'était une monarchie absolue tempérée par des chansons. Notre histoire du XIXe siècle semble être celle d'une monarchie intermittente tempérée par des révolutions. Au vrai, toutes ces formules sont plutôt des propositions oratoires que des raisons philosophiques. Ce genre d'explications n'explique pas grand'chose. Qu'il y ait un tempérament dans les nations comme dans les individus, je ne le nie pas ; mais que ce tempérament les condamne de toute éternité à telle ou telle forme de gouvernement, voilà ce qui m'étonne, surtout s'il s'agit d'institutions analogues malgré la différence des noms, telles que seraient la monarchie constitutionnelle et la république parlementaire. J'admets encore moins que ce tempérament ne puisse être profondément modifié par un certain ensemble d'idées, d'actes, de sentiments, par un progrès général de la civilisation et des mœurs, dont peuvent résulter des instincts politiques entièrement nouveaux dans une nation. De même que dans l'individu le tempérament donné par la nature est comme la matière sur laquelle travaille la liberté, et qu'elle doit façonner à l'image de la volonté, de même dans les races supérieures qui se sont élevées jusqu'à la conception d'un certain idéal politique l'élément de la fatalité, que chaque race apporte avec elle est indéfiniment modifiable sous l'empreinte de l'élément moral, qui s'en empare et le transforme. Or cet élément moral dans une nation, c'est la réflexion, la sagesse, l'expérience ; d'un mot, ce sont les mœurs politiques, qui sont non pas uniquement le fruit de ses instincts, mais aussi le résultat de la volonté nationale s'exerçant à se perfectionner elle-même, et méritant par ses efforts un progrès dans sa destinée.

D'ailleurs, quand on parle des aptitudes et des instincts politiques de la France, on a tort de parler d'elle comme d'une individualité unique ayant une essence propre et nettement définie. Dans le fait, il y a bien des populations diverses en France, et qui diffèrent jusqu'à l'opposition la plus marquée par les intérêts, par les goûts, par l'éducation, par les degrés de civilisation auxquels chacune d'elles a pu atteindre. Ces populations, mêlées dans le grand courant de la vie nationale, ne s'y confondent jamais, et, au moindre choc qui en trouble le cours, elles se séparent violemment, montrant la diversité de leurs nuances, de leurs tendances, l'une se précipitant en avant comme un flot d'orage, l'autre refluant vers sa source comme par un secret effroi des abîmes. Qu'y a-t-il donc au fond de ce tempérament monarchique de la France dont il a été si souvent parlé et si éloquemment ? Un amour passionné de l'ordre. Qu'y a-t-il encore au fond de ce tempérament révolutionnaire qu'on pourrait, non sans raison, imputer à la même nation ? Un amour passionné de la liberté absolue, compliqué de ce besoin de logique à outrance qui est la qualité et le péril du caractère français. À peine est-il besoin de dire que ces deux tendances, qui coexistent dans la race et se développent à travers notre histoire, appartiennent à deux parties différentes de la même nation. Or c'est dans la lutte de ces deux tempéraments contraires, ou plutôt des deux parties de la nation qui les représentent, que je trouve l'explication de l'histoire de France depuis près d'un siècle, selon que prévaut l'une ou l'autre de ces deux populations mêlées sous l'apparence du même peuple. Dans cette période agitée de notre histoire, chacune a triomphé à son tour ; mais il a été dans la destinée de chacune que son triomphe l'a épuisée en exagérant son principe. L'une, la monarchique, affamée d'ordre, se repose quand elle en a conquis les conditions apparentes, confondant trop facilement l'ordre matériel, celui des rues, avec l'ordre moral, celui des esprits, qui est la plus sûre garantie de l'autre, mais qui est aussi d'une conquête plus difficile et d'un prix plus haut. Grâce à ce malentendu, qui s'est souvent répété, une fausse sécurité s'établit ; l'oubli du péril passé arrive vite. Après qu'on a pourvu le gouvernement de canons et de soldats, on se repose sur sa force, l'exagérant même par l'opinion que l'on s'en fait, au point que l'on ne redoute pas, sous prétexte de l'avertir, les occasions de lui faire échec, jusqu'au moment où l'on s'aperçoit qu'il n'est plus garanti que par l'indifférence publique, et que le moindre choc suffira pour le jeter à terre. — L'autre partie de la nation, plus révolutionnaire que vraiment libérale, bien qu'elle prenne souvent ce nom, profite de ce désaccord croissant entre les classes conservatrices et le pouvoir ; elle agite les esprits, prépare les révolutions par l'opinion avant de les tenter par la force, tirant avantage de toutes les fautes de la monarchie, de ses excès de pouvoir ou de ses défaillances, irritant les esprits avant de les ameuter ; mais elle-même, cette partie remuante et impétueuse de la nation, se laisse emporter par les exagérés, qui appliquent à la politique, le monde du relatif, la logique absurde de l'absolu servie par la passion. La violence des passions au service d'une logique outrée, n'est-ce pas le caractère et la marque de l'esprit révolutionnaire ? Dès lors, le mouvement est lancé ; il ne s'arrêtera plus à telle limite que voudrait en vain lui marquer l'agitation libérale débordée de toutes parts : partout où se dresse un obstacle, il est supprimé de vive force. La révolution règne enfin grâce à l'énergie de quelques sectaires. La mollesse des uns, la complicité passive des autres, les ont laissés maîtres du terrain ; mais ils vont trouver bientôt dans leur victoire sans frein leur ruine et leur châtiment. La série des excès auxquels ce parti semble fatalement condamné tire de leur torpeur les instincts conservateurs endormis ou désarmés. L'excès de la peur rend courage aux plus timides. La minorité violente rentre dans l'ombre avec ses chefs discrédités, avec son mot d'ordre, qui a perdu sa vertu magique, et son drapeau sinistre, qui n'a jamais été que celui d'une sanglante et dérisoire fraternité. Et ainsi recommence à chaque génération, ou peu s'en faut, l'histoire de notre pauvre pays. « Heureusement, disait lord Brougham, que la France fait une révolution tous les quinze ans ; sans cela elle serait la première nation du monde. » La joie de l'étranger devrait être la leçon de la France.

Ce que l'on appelle le tempérament monarchique du pays n'est pas autre chose que l'instinct de la conservation sociale exaspéré par des surprises et des terreurs trop souvent renouvelées. Ce n'est, à dire vrai, que l'amour violent et le besoin de l'ordre, nécessaire au développement de son travail, à sa vie même, qui ne peut être chaque jour suspendue violemment ou remise en question. La preuve en est que le choix de la monarchie est indifférent à l'immense majorité des classes conservatrices, même dans la province. Elles appuient successivement, avec le même zèle, les monarchies d'origine et d'ordre différents, bien moins soucieuses du titre auquel le pouvoir s'exerce que des chances de stabilité que lui offre ce pouvoir, bien plus ardentes à en soutenir la réalité efficace qu'à en défendre la légitimité platonique. Or on ne peut pas dire qu'un peuple soit de tempérament monarchique quand la religion dynastique n'existe plus chez lui. Qu'une bonne fois la république sache être modérée, patiente, pacifique, qu'elle sache ne pas effrayer les parties simples et laborieuses de la nation, on verra comme elle pousserait facilement et profondément ses racines dans le sol bouleversé de la vieille France. Par malheur, quand elle aurait tout à gagner à la persuasion, elle a l'air de ne compter que sur la force. C'est ce qui est arrivé cette fois encore, et on serait malvenu à le nier. Les événements de ces huit derniers mois ont été pour chacun de nous une rude école de politique expérimentale. La logique des faits, traduisant ici une logique supérieure, avait condamné sans appel l'empire en montrant à ceux-là mêmes qui avaient mieux espéré des hommes, sinon des institutions, qu'il portait en soi la fatalité de sa chute dans l'imprévoyance incorrigible du pouvoir personnel, sourd à tous les avertissements ; mais ce même verdict des faits n'a pas été moins sévère à l'égard de la dictature émigrée de Paris, qui a pendant cinq mois violenté la France sans pouvoir

Elme-Marie Caro

davantage plaider la circonstance atténuante du succès. Après la chute de l'empire, qui avait pris une si formidable responsabilité sans être en état d'y suffire, la république était possible, je dirai plus, elle devenait probable. Elle était comme portée par la situation. Pour la faire accepter par tous les partis, il n'y avait qu'à ne point les effaroucher par l'annonce des revendications ou des représailles. Par un prodige de modération qui n'était guère, il est vrai, dans les instincts des triomphateurs, il fallait proclamer, et mieux encore, démontrer par des faits que la république est par essence un gouvernement de légalité absolue, de liberté garantie et de raison publique. On ne lui demandait que de faire la preuve qu'elle n'était pas incompatible avec l'ordre, et qu'elle était capable de stabilité. Encore une fois, dans une crise pareille, qui se serait refusé à un essai si légitime ?

Qui donc n'aurait fait avec résignation, sinon avec joie, le sacrifice de ses idées particulières et de ses prédilections ? À qui la faute, si un tel idéal n'a pas réconcilié tous les partis sur ce terrain d'expérimentation complètement libre ? À qui, sinon aux républicains de profession, à ceux qui constituent entre eux je ne sais quelle caste fermée ou quelle dynastie inviolable, s'imaginant naïvement que la république est à eux, rien qu'à eux, leur chose, leur bien propre ? Ne les a-t-on pas vus s'en emparer cette fois encore avec une avidité jalouse comme d'un patrimoine, l'exploiter au profit de leurs ambitions, de leurs systèmes, pis que cela, au profit de leurs vanités ou de leurs rancunes, prétendant se l'approprier, comme si le pays, en recevant le bienfait de la république, devait être trop heureux d'accepter en même temps pour ses maîtres à perpétuité ces incapables ou ces déclamateurs, tous ceux-là pour qui, selon le mot cruellement naïf attribué à l'un d'eux, la république est plus qu'une conviction, « une carrière ? » Qu'ils ne s'en prennent qu'à eux, à leur étroitesse d'esprit, à leur impéritie ou à leur intolérance (ils ont le choix), si par malheur il arrivait cette fois encore que l'expérience fût ajournée, et que cette noble république, qui devait être l'œuvre commune et le bien de tous, un gage de conciliation et de paix entre tous les partis, ne fût qu'un gouvernement transitoire, une liquidation du passé, quelque chose comme le syndicat d'une immense faillite, au lieu d'être l'expression sincère et définitive des intérêts et des convenances du pays. Je ne crains pas de le dire : ce serait la faute de ce parti, si la France, surmenée par ces expériences désastreuses, allait demander un abri à la monarchie constitutionnelle. Après tout, elle ne veut pas périr pour la gloire d'un principe contestable.

Partie II.

Quand je parle ainsi du parti républicain, je désire qu'on m'entende bien. Je ne confonds pas les républicains de conviction avec les républicains de profession. Je range à part avec un grand soin et un respect sincère ceux qui ne placent pas la forme de leur prédilection au-dessus de la souveraineté du peuple, et n'ont jamais, dans le cours d'une longue vie dévouée à la même idée, prétendu faire violence à la nation. Ceux-là, s'ils étaient les plus nombreux et les plus forts, réussiraient, je n'en doute pas, à faire l'éducation politique et à former les mœurs viriles d'une France vraiment démocratique. Les républicains que je combats sont ceux pour qui la république est un idéal tellement tyrannique, qu'ils prétendent l'imposer de gré ou de force à la nation, et si intimement mêlé et confondu avec leur propre personnalité, qu'ils ne savent plus l'en distinguer, et se refusent à croire qu'il puisse être réalisé par d'autres que par eux-mêmes. À ce double signe, vous les reconnaissez, vous les avez déjà nommés.

À de rares exceptions près, c'est ce parti qui s'est emparé de la France le 4 septembre, et qui n'a rien négligé pendant six mois pour lui faire perdre le peu de goût qu'elle avait pour la république. Ce qui a toujours compromis cette noble forme de gouvernement auprès de beaucoup de bons esprits, c'est qu'on l'a toujours confondue, ou, pour parler plus exactement, qu'elle a paru se confondre elle-même avec la révolution, dont elle devrait être par essence la négation. Elle devrait fermer l'ère des grandes crises sociales, puisqu'elle est théoriquement le gouvernement du pays par lui-même ; il semble au contraire qu'elle soit destinée à rouvrir cette ère violente, qui ne se ferme plus pendant tout le temps qu'elle règne. Par une véritable fatalité, son origine et ses procédés de gouvernement ont toujours offert un mélange d'arbitraire et de force, une alternative de faiblesse et de violence, qui ont discrédité ses pratiques malgré

Elme-Marie Caro

l'excellence théorique de l'institution. Chaque fois qu'elle a essayé de revivre parmi nous, c'est par des coups de force ou de surprise qui ont enlevé au pays le mérite d'une adhésion spontanée et même le goût d'y adhérer. En même temps, issue de la révolution, elle est impuissante à la dominer. Œuvre et produit de mouvemens populaires sans règle, elle ne saurait leur en imposer une. Donc, par une autre fatalité qui est la conséquence de la première, il arrive que la république ouvre des périodes plus ou moins longues de désordre et d'anarchie, provoquant des réactions implacables ou des imitations funestes. C'est qu'on ne joue pas avec la révolution. Elle a quelque chose en elle de la force irrésistible d'un élément qui à certains moments domine et submerge toutes les forces morales, écrase toutes les volontés, détruit tous les obstacles qu'élève contre elle la prudence humaine.

En 1870, comme en 1848, le péché originel de la république a été la surprise imposée au pays. Son malheur est d'être née du fait le plus grave qui puisse déconcerter la moralité d'un peuple : la violation d'une assemblée. C'était la tache indélébile de l'empire, tache que plusieurs scrutins populaires n'ont pu effacer, une tache que la gloire même, mieux que cela, le bonheur de la France n'aurait pu jamais laver entièrement, et qui reparut avec une intensité effrayante dans nos désastres ; mais on ne pourra jamais convaincre le pays que l'immoralité du coup d'état ait créé par contre-coup la moralité du 4 septembre. On ne peut échapper à cette comparaison qu'à la condition de plaider la thèse des moyens justifiés par la fin. C'est une thèse bien compromettante, et qui se prête aux interprétations les plus contraires. Le premier élément des mœurs politiques d'un pays, le premier trait du caractère d'un homme d'état digne de le représenter, devrait être l'inviolabilité des assemblées passée à l'état de dogme. Hors de cette règle, il n'y a que pur empirisme, succession d'expédients qui se détruisent les uns les autres, et parmi lesquels la probité d'un homme et la moralité d'un pays courent d'effrayants hasards. Tant que le respect absolu de la représentation nationale n'est pas entré sous forme d'habitude, d'instinct même, dans l'âme d'un peuple, son éducation politique n'est pas même commencée.

Et qu'on n'aille pas dire qu'à cette règle il y a des exceptions, que la dernière chambre de l'empire était discréditée par des connivences et des faiblesses inouïes, entachée par des excès de candidatures officielles qui avaient été des scandales publics, condamnée enfin par cette complicité d'optimisme avec le gouvernement qui avait troublé à la fois son sens politique et son sens moral. Quand tout cela serait vrai, quels que fussent les fautes de cette assemblée et ses vices d'origine, ils ne conféraient aucun droit sur elle aux hommes du 4 septembre, qui n'étaient rien que par elle. En dehors, ils étaient de simples citoyens sans mandat. On plaide en leur faveur les circonstances atténuantes en disant qu'eux au moins ils tenaient leur délégation d'un vote libre. Étaient-ils les seuls ? Plusieurs députés de la gauche, tout le centre gauche, bien d'autres qui ne se sont pas associés à ce coup de force, n'étaient-ils pas dans le même cas ? n'étaient-ils pas arrivés à la chambre dans les mêmes conditions d'indépendance et de dignité ? comment osait-on, par un appel direct à l'émeute, les jeter tous violemment et pêle-mêle hors de la vie politique, au lieu de les associer à l'inauguration d'un pouvoir nouveau qui eût été l'expression véritable des besoins du pays ? D'ailleurs il est bien dangereux d'entrer dans la voie des exceptions. Chaque révolution nouvelle plaidera la sienne. Hélas ! les prétextes ne manquent jamais pour jeter une assemblée à la porte ou par la fenêtre. Disons-le avec tristesse : ces *défenestrations* de Paris ou de Saint-Cloud ont toujours chance d'être populaires. Le 18 brumaire invoquait la nécessité de rétablir l'ordre ; le 24 février, la réforme électorale ; le 15 mai, la nécessité d'arrêter la réaction ; le 2 décembre, l'injure faite au peuple par la loi du 31 mai. Le 4 septembre arguait, pour excuser la violence faite à l'assemblée, du système des candidatures officielles, qui avait faussé son origine, et de sa complicité dans la déclaration d'une guerre déplorable ; mais en voici une, la dernière, élue en pleine liberté, dans des circonstances extrêmes de salut public qui lui confèrent, à ce qu'il semble, une absolue et indiscutable souveraineté. Qui oserait élever contre elle un doute, une objection, une prétention ? Détrompez-vous. Elle est à peine réunie, que déjà (dès le 19 février) M. Ledru-Rollin adresse au président sa démission motivée sur je ne sais combien de cas d'indignité soulevés contre elle. L'émeute du 18 mars, réalisant le testament politique de M. Ledru-Rollin, plaidera contre l'assemblée de Versailles le grief de réaction et de complot monarchique. On n'entend pas assimiler complètement tous ces

Elme-Marie Caro

faits ; on les rapproche, et ces rapprochements ne seront pas sans signification ; une triste moralité s'en dégage.

Quelque juste réaction de colère qu'aient encourue le régime qui nous avait lancés de gaîté de cœur dans de pareilles catastrophes et la majorité de l'assemblée, qui, responsable de la fortune de la France, l'avait jetée aux abîmes, je maintiens que le 4 septembre il y avait d'autres voies à suivre et d'autres exemples a donner au peuple. Il ne s'agissait pas de sauver l'empire. L'empire était né d'un coup de main du pouvoir ; le vice de son origine le condamnait à périr par un coup de main du peuple. En outre il était condamné irrémissiblement par les désastres sans nom qu'il n'avait su ni empêcher, ni prévoir. L'empereur, en réclamant constamment sa responsabilité personnelle devant le pays en tête de toutes ses constitutions, avait porté lui-même d'avance le verdict que les événements venaient de prononcer. Il ne s'agissait pas davantage de prolonger les jours de cette assemblée agonisante. Simultanément et fatalement, après Sedan, l'empire et l'assemblée devaient succomber sous l'accumulation des fautes communes qui mettaient en péril la patrie. Il arrive un jour où le flot de l'opinion, soulevé par les événements, est irrésistible, et ce jour-là aucune force humaine ne pouvait l'arrêter ; mais comment des hommes qui avaient passé vingt ans de leur vie à plaider les grandes causes du droit et de la morale politique, qui n'avaient jamais pu désarmer leur colère, vengeresse du coup d'état, devant les verdicts d'amnistie rendus par le suffrage universel, ni même (les sources du suffrage étant suspectes) devant l'adhésion incontestable de la majorité du pays, comment ces grands agitateurs de la conscience publique, qu'ils ne cessaient d'émouvoir par le spectre du 2 décembre, osèrent-ils prendre devant le pays, juge et témoin de leurs protestations et de leurs combats, la responsabilité de ce fait si grave, l'expulsion d'une assemblée par un tumulte populaire que quelques-uns d'entre eux avaient préparé, qu'ils soulevèrent à l'heure dite, qu'ils guidèrent à travers un apparent désordre, avec un plan et une logique concertée, vers un but marqué d'avance ? Ils savaient bien pourtant qu'il y avait moyen de faire autrement, et, sans prolonger les jours révolus de l'empire, de rendre le pays à lui-même, à lui seul. La voie était ouverte, on a refusé d'y entrer. Ces choses-là sont trop oubliées ; elles se sont perdues dans le bruit et la confusion des événements.

Partie II.

Il faut néanmoins que l'histoire se fasse, et elle se fera. On y apprendra qu'une journée révolutionnaire n'est jamais l'explosion spontanée des sentiments ou des passions populaires, qu'elle n'est que le résultat d'une conspiration qui met en jeu dans un moment opportun ces sentiments ou ces passions. Le peuple s'agite ; deux ou trois habiles le mènent. Le salut du pays, le 4 septembre, la seule chance de son salut se trouvait dans une proposition de M. Thiers, adoptée déjà par la commission, qui déclarait la vacance du pouvoir, et demandait à la chambre de nommer un gouvernement de défense nationale. On donnait ainsi à l'opinion surexcitée une satisfaction légitime, je dirai presque légale, sans laisser le champ libre à l'émeute. La révolution se faisait par un dernier vote, — vote inévitable de la chambre, qui prononçait sa propre abdication, au lieu de se faire signifier brutalement son congé par la foule. C'était une révolution parlementaire, au lieu d'être une émeute de la rue. Que l'on ne réponde pas qu'il était trop tard. La commission était prête à faire son rapport avant que la chambre ne fût envahie sur le signal de quelques-uns de ses membres, pressés d'en finir. Il dépendait de ces meneurs du tumulte d'en suspendre un instant l'invasion. A coup sûr, il dépendait des triomphateurs de cette journée de se réunir à leurs collègues quand le flot de l'invasion fut passé, au lieu de se laisser porter, dans la plus triste des ovations, à l'Hôtel de Ville, d'où le même peuple qui les y portait ce jour-là devait les chasser quelques semaines après. Pour cela, il ne fallait qu'un peu de courage moral ; on en manqua : « il était trop tard, » dites-vous, en répétant le mot banal de toutes les révolutions. Oui, trop tard pour ceux qui avaient fait leur programme d'une journée, et qui voulaient que ce programme fût rempli.

Combien les résultats eussent été différents dans le présent et dans l'avenir ! Si l'on consulte les impressions et les souvenirs les plus sincères, il n'est pas douteux qu'un vote unanime eût délégué les pleins pouvoirs à M. Thiers, investi par les événements d'une sorte de magistrature publique de bon sens et de raison. M. Thiers se serait associé dans son œuvre quelques-uns des noms choisis parmi les plus indépendants et les plus populaires de l'assemblée. On se serait ainsi retrouvé, avec beaucoup moins de trouble et peut-être moins de catastrophes, au point juste où nous a ramenés la logique des événements, avec cette grande expérience politique

Elme-Marie Caro

et cette grande autorité pour nous guider à travers nos désastres, pour nous en épargner quelques-uns peut-être ! Ce genre de révolution aurait obtenu la confiance du pays tout entier, sauf les partis violents, au lieu de lui imprimer une secousse morale et une terreur dont il n'est pas encore revenu ; mais il y avait des impatiens qui avaient préparé l'événement à leur profit, ou pour crier : Vive la république ! Il y avait des défiants qui craignaient que le nom de M. Thiers ne jurât trop avec la forme de leur choix. Insensés qui ne voyaient pas que ce nom était la seule garantie qui pût la faire accepter par le pays, ce nom représentant le *maximum* de république qu'il pût en ce moment supporter.

Nous avons entendu souvent dans les mauvais jours qui suivirent de près, quand déjà ils pliaient sous le poids des plus terribles circonstances, les triomphateurs du 4 septembre se plaindre amèrement de leur fardeau ; mais qui donc, si ce n'est eux-mêmes, les en avait chargés ? — Le peuple, disent-ils. Oui, le peuple spécial amené pour la circonstance, c'est-à-dire encore eux-mêmes et leurs amis. — Les hommes d'ordre se soumirent ; il n'y avait pas lieu de discuter devant le péril suprême de la nation, et c'est l'honneur du parti conservateur de n'avoir pas même protesté, de peur de diviser les dernières forces de la patrie. Ce fut un triste spectacle que cette fête au lendemain de Sedan ! Une partie de la population était en délire ; une autre regardait avec stupeur, comme dans un rêve. J'ai vu cette invasion de la chambre, et l'ovation à l'Hôtel de Ville, et la prise d'assaut des ministères sans combat ; j'ai vu cette joie insensée se répandre sur les places et dans les rues, comme si l'on oubliait que la patrie portait au sein une mortelle blessure. De loin et dans la perspective, de pareilles scènes peuvent faire illusion. De près, le détail est navrant, et, si le spectacle du 2 décembre avait été profondément démoralisateur, celui de la journée vengeresse du 4 septembre ne releva guère le niveau de la moralité publique. Des coups de force du pouvoir aux coups de force de la rue, la différence n'est pas grande. Si quelques-uns des triomphateurs de ce jour ont sauvé plus tard par la dignité de leur attitude les risques effrayants qu'ils ont ce jour-là fait courir à leur probité parlementaire, plusieurs ne s'en relèveront pas. — Ce fut là le premier malheur de la république de 1870 : son berceau à été une chambre envahie. Elle n'a pas eu d'autre sanction que ce qu'on appelle, dans le droit révolutionnaire, l'acceptation et l'acclamation du peuple.

La révolution du 4 septembre eut d'autres torts bien graves. Du premier coup et avec la plus insigne maladresse, elle s'isola du pays par la nomination de ce singulier gouvernement provisoire qui ne contenait que des noms parisiens, flattant ainsi cette idole de Paris qui croit avoir un droit divin à gouverner la France. Ce fut une faute dont les conséquences ont été incalculables. Je sais qu'on ne pouvait attendre de résultats bien réguliers de cette délégation des pouvoirs faite tumultueusement par l'acclamation populaire. Parmi les hommes qui régnèrent le soir à l'Hôtel de Ville, les uns étaient désignés par l'opinion ou poussés par le zèle d'une coterie que l'on confond volontiers avec le cri de l'opinion ; d'autres, parfaitement obscurs, se glissèrent au pouvoir à la suite des premiers : quelques-uns, estimant qu'ils étaient de droit et de fondation membres de tous les gouvernements provisoires, se désignèrent eux-mêmes avec un empressement qui suppléait à celui du public. Quant à la distribution des portefeuilles qui eut lieu le même soir, il courut dans ce temps-là des légendes qui auraient ranimé la vieille gaîté française, si les circonstances n'avaient pas été si tristes. Le premier résultat de ce gouvernement improvisé, c'était de mécontenter profondément la province, qui y cherchait les noms investis de sa confiance, et qui ne les trouvait pas. En revanche, elle était tenue d'accepter sans récrimination, parmi quelques personnalités justement honorées, le plus singulier mélange de noms, les uns légèrement ridicules, d'autres presque effrayants, qu'elle ne prononçait qu'avec un sourire ou une sorte de stupeur. Malgré tout, malgré ce grief et bien d'autres, le pays n'avait pas hésité. Il s'était donné sans résistance, avec une docilité sans exemple, à ce gouvernement nouveau, ne demandant qu'à voir se révéler enfin du milieu de tant de ruines quelque autorité décisive d'intelligence et de caractère, une inspiration, une pensée digne de ce qui fut, de ce qui sera encore, s'il plaît à Dieu, la grande nation. Le seul cri du pays, dans la presque unanimité de la population, a été au premier moment le cri de la confiance et du patriotisme. « Qu'ils soient les bienvenus, les hommes de ce pouvoir nouveau, et qu'ils soient mille fois bénis, s'ils relèvent la fortune de la France tombée avec son drapeau des mains malheureuses qui n'ont su la conduire ni à la victoire, ni même à un désastre glorieux ! »

Elme-Marie Caro

Mais un sort funeste était jeté sur cette journée. Il était écrit que pas une faute ne serait évitée. En se livrant à la révolution et en triomphant par elle, on avait contracté une obligation fatale, celle de faire surtout de la politique, quand il ne devait s'agir que de salut public. La conséquence immédiate de ce pacte fut la proclamation précipitée de cette république qui devait naître tout naturellement du sentiment de la crise et des nécessités politiques, au lieu d'être imposée à la France par l'Hôtel de Ville. La première inspiration avait été la bonne, c'était d'être tout simplement un gouvernement de la dépense nationale. La seconde fut l'inspiration du parti. On y céda, et dès lors tout fut compromis. Ainsi proclamée, la république était et ne pouvait être que le cri tumultueux d'une minorité. Quel titre cette foule de l'Hôtel de Ville avait-elle à décréter la nécessité et l'éternité d'une institution qui devait naître du choix libre de la nation ? Ce n'était rien moins que la confiscation du droit national au nom d'un droit supérieur et antérieur. Ce que l'on proclamait ainsi, c'était la république placée en dehors et au-dessus de la discussion, annoncée un an d'avance par un discours fameux de M. Gambetta comme « la forme adéquate du suffrage universel, » reconnue tout récemment encore par M. Louis Blanc comme « la forme nécessaire de la souveraineté nationale, » Erreur capitale qui fausse absolument la doctrine de la souveraineté populaire, mais erreur vivace qui se reproduit périodiquement en France, et qui ne peut engendrer qu'anarchie et confusion en fournissant un prétexte à toutes les usurpations et un mot d'ordre à tous les attentats ! On voit reluire dans les déclarations des républicains sectaires cette systématique intolérance, cet incorrigible orgueil, l'esprit de la caste avec une imperturbable confiance dans son infaillibilité. Avec cela, on éloigne bien des sympathies qui ne demanderaient qu'à venir. On froisse le pays, qui voudrait être consulté, et qui peut-être y a quelque droit. Il faut que les républicains en prennent leur partie La république ne pourra jamais réussir par la force ; imposée au pays, elle le révolte. Elle n'aura quelque chance de s'acclimater parmi nous que le jour où elle sera la forme librement choisie et consentie de la souveraineté nationale. Cette proclamation prématurée enivra de joie la foule ; mais elle n'avait pas seulement le tort de nier indirectement le droit du pays, elle eut un autre inconvénient dont on s'aperçut plus tard. Elle fit croire au peuple

Partie II.

de Paris, peu formaliste en pareille matière, que la république existait de droit, quand elle n'existait que de fait. Ce fut l'occasion d'un terrible malentendu, lorsque l'assemblée nationale refusa de s'associer à cette déclaration du gouvernement provisoire, et que, sans résoudre la question contre les vœux de Paris, elle prétendit la réserver et rester libre. On sait ce que produisit le mécontentement de la population parisienne, qui ne comprit rien à ces réserves, et quelle part il faut lui attribuer dans l'attitude expectante et inerte prise par une partie de la garde nationale dans la fatale journée du 18 mars. Elle accusait l'assemblée de lui disputer la conquête du 4 septembre, sans s'apercevoir que cette conquête de la république avait été sept mois auparavant la négation pure et simple de la souveraineté, nationale au profit de Paris. Entre la république de fait et la république de droit, elle ne put jamais voir la différence : elle fit ou laissa faire une révolution au nom d'un droit qui n'était qu'un fait.

À toutes ces fautes du gouvernement nouveau s'en ajouta une dernière, la plus grave de toutes, celle de vouloir gouverner seul, sous sa propre responsabilité, sans aucune intervention, sans aucun contrôle du pays, aussi longtemps du moins que le soutint à flot l'opinion parisienne. A supposer que l'on fût de bonne foi en se croyant réellement le 4 septembre investi d'un mandat supérieur (populaire ou providentiel, je ne sais), encore fallait-il le régulariser immédiatement en s'en servant pour convoquer une autre assemblée et remettre dans ses mains les pouvoirs que l'on tenait d'un tumulte de la rue. Le fit-on cependant ? On avait si sévèrement et si justement incriminé dans la naissance des régimes antérieurs la théorie du fait accompli ! Mais la prolongation indéfinie de ce pouvoir, qu'était-ce autre chose, sinon le résultat d'un fait accompli ? Ce fait n'était rien que la sympathie momentanée et la complicité fort indocile de cette partie du peuple qui avait acclamé, au 4 septembre, les députés de Paris et qui les insultait quelques jours après. Si le seul titre du pouvoir nouveau était sa popularité du 4 septembre, il faut avouer que ce titre a été bien éphémère, et n'a guère survécu au beau soleil qui a éclairé le berceau de la jeune république. Ah ! les acclamations de la rue et du boulevard, on sait maintenant ce qu'elles valent, ce qu'elles coûtent, ce qu'elles durent !

Elme-Marie Caro

On pouvait soulever la France dans un élan de patriotisme en s'adressant directement à elle, en lui remettant à elle-même le soin de ses laborieuses et tragiques destinées. On l'avait promis. On viola cette promesse. Sous quelle influence néfaste, sous quelle action malfaisante, l'histoire le dira. Quelque irrégulières qu'eussent été sur bien des points ces élections improvisés, elles auraient mieux valu qu'une usurpation manifeste et prolongée de tous les pouvoirs vacants. C'est toujours, sous les régimes les plus contraires de nom et d'étiquette, la même défiance à l'égard du pays. Pour le punir de n'être pas aussi républicain que l'Hôtel de Ville, on ajourna le vote, qui était la première nécessité et la suprême convenance du gouvernement provisoire, sans prévoir dans quelles circonstances, à quelle date il pourrait être repris et après quelles terribles épreuves. Comme tout cela était en contradiction flagrante avec les déclarations des anciens députés de la gauche ! L'un des plus éloquents, dans un discours fort admiré quelques mois auparavant, définissait ainsi ce qu'il appelait l'exercice réel de la souveraineté : « C'est le droit pour la nation d'avoir la direction et le dernier mot dans toutes les affaires qui l'intéressent. Si un pouvoir quelconque peut tenir en échec la volonté du peuple, la souveraineté nationale est violée. Je suppose que le pays veuille la paix, et que le pouvoir exécutif penche au contraire pour la guerre : il faut que le dernier mot dans cette question soit au pouvoir qui représente le pays, c'est-à-dire au pays lui-même, et il faut que sa volonté puisse se manifester directement, ouvertement. Que l'on ne vienne pas dire qu'il a le vote du contingent, le vote du budget pour faire entendre son opinion, cela n'est pas suffisant pour la vérité du principe. Il faut qu'il ait le dernier mot, que tout s'incline devant sa volonté ; autrement la souveraineté nationale n'existe pas, et le peuple est joué. » À relire, à un an de distance, ce singulier passage d'une application si facile aux circonstances actuelles, on dirait que quelque malin génie a soufflé à l'orateur chacun des termes dont il s'est servi, comme pour nous permettre de les retourner un jour contre lui et d'en faire son châtiment. Une fois au pouvoir, nous savons ce qu'il a fait de ses principes : les plus indulgents disent qu'il les a oubliés. On a vu dans tout son éclat le contraste des discours et des actes de l'opposition républicaine, devenue par sa propre élection le gouvernement de la France. C'est un mauvais symptôme pour un pouvoir nouveau de se défier du pays. C'est en même temps la plus sûre manière de s'aliéner ses sympathies. Quand on le consultera plus tard, ce sera trop tard. Le pays vous répondra : « Vous m'avez joué. » == III. ==

Le lendemain de ce jour de fête où Paris avait célébré avec un enthousiasme quelque peu puéril la proclamation de la république, comme si ce nom magique devait faire tomber les armes des mains de l'ennemi et arrêter les événements, ce lendemain de fête, succédant aux jours les plus tristes de notre histoire militaire, aurait dû être chargé des plus graves soucis pour les hommes politiques qui, eux aussi à leur tour, avaient pris d'un cœur léger de si terribles responsabilités. Il ne fallait pas seulement aviser à l'immensité du péril par des mesures administratives et militaires à la hauteur des événements ; il fallait surtout tâcher de faire comprendre la gravité tragique de la situation à une partie de la population affolée et enivrée qui semblait ne pas s'en douter. Il fallait faire un appel aux passions vraiment nobles du peuple, au lieu de le tromper par ses propres vices, sa jactance et sa crédulité, en exaltant un héroïsme dont il n'avait encore donné aucune preuve et en caressant cette fièvre révolutionnaire dont il est si dangereux d'entretenir les ardeurs malsaines. Tandis que les Prussiens traversaient en masses sombres les plaines dégarnies de la Champagne, ce jour-là qui suivit la proclamation de la république et les jours suivants, à quoi furent-ils consacrés ? À la destruction des insignes de la dynastie déchue, à la liquidation des plus misérables rancunes, au licenciement des sergents de ville. À quoi encore ? À la curée des places, à la nomination des maires provisoires. L'étrange personnel que la république tenait en réserve, et cela dans un moment de désorganisation universelle, un moment unique dans l'histoire ! En même temps débordaient dans les colonnes du *Journal officiel de la république* et sur les murailles de Paris les arrêtés enfantins ou séniles (je ne sais trop) qui débaptisaient les rues, et décidaient des inscriptions démocratiques à graver sur les monuments publics. C'est le premier soin de toute révolution triomphante à Paris de vouloir recommencer l'histoire de France en inscrivant au coin des places et des rues les fragiles annales de son triomphe d'un jour. Ce fut d'ailleurs le seul talent que montra l'édilité parisienne. Prodigieusement incapable en tout, elle excellait en ce

Elme-Marie Caro

genre d'administration. Au lieu d'activer l'approvisionnement de Paris, de pourvoir à l'aménagement de ses ressources et même au rationnement des habitants en prévision d'un long siège, au lieu de travailler efficacement et sans phrases aux besoins infinis de l'assistance publique et de se dévouer à une tâche utile dont le détail eût absorbé de plus grandes intelligences, on rédigeait des bulletins où l'on félicitait Paris de son grand cœur, de sa grande âme, où l'on se congratulait entre maires du progrès des mœurs publiques opéré par quarante-huit heures de liberté, et de la renaissance des vertus républicaines, qui n'avaient plus besoin, comme les vertus équivoques de la monarchie, de l'aide d'une police déshonorée pour fleurir sur l'asphalte parisien. Heureusement, pendant que ce torrent de déclamations se répandait sur les affiches blanches qui chaque matin couvraient les murs de Paris, la défense militaire s'organisait avec cette louable activité qui assure les résistances honorables. Nous n'avons pas ici à juger son œuvre. Nous devons nous restreindre à la politique du pouvoir nouveau. Hélas ! que ne se bornait-il à s'abstenir d'administrer ? Mais non ! il avait des idées, deux entre autres qui devaient lui survivre, puisqu'elles portaient en elles la fatalité de la guerre civile : l'armement universel et la solde de la garde nationale. Si les gouvernants du 4 septembre ne prévirent pas les effroyables conséquences de ces deux mesures, leur sagacité n'était pas au niveau de leur ambition. Que si, les prévoyant, comme pouvait le faire le plus humble observateur, ils ne s'abstinrent pas devant cette formidable responsabilité, que faut-il penser d'un patriotisme si facilement satisfait d'ajourner l'orage ? C'était une politique à courte vue que celle qui se félicitait dans ses proclamations d'avoir fait une révolution sans qu'il en coûtât une goutte de sang. Il importe assez peu que le jour même ou le lendemain d'un grand mouvement populaire le sang ne coule pas, si plus tard, par suite des événements qui se développent, il doit être répandu à flots à travers la cité en ruine. La responsabilité n'en reste pas moins justement attachée à ceux qui ont laissé se développer les causes de conflits, accumulant sans prudence et sans prévision dans un foyer prêt à s'enflammer les matériaux de l'incendie.

Que faisait-on en décrétant l'armement universel ? On remplissait Paris de 300,000 soldats improvisés, trop nombreux peut-être pour

Partie II.

la défense effective, inutiles en aussi grand nombre derrière des remparts et des forts inexpugnables, mais devenus maîtres de Paris et du gouvernement dès le moment où ils eurent reçu leurs armes. On mettait la défense et la politique à leur discrétion. En faisant cela, je sais bien que nos gouvernants se montraient logiques. Ils obéissaient aux sommations qu'ils avaient adressées eux-mêmes à la dernière administration du pouvoir expirant ; comme ils prenaient sa place, il fallait s'exécuter de bonne grâce. C'est là un des tours que jouent les révolutions : elles mettent les gouvernements nouveaux en demeure de remplir le programme des oppositions ; puis, comme on se piquait d'avoir des principes, on invoquait un prétendu axiome, qui veut que le suffrage universel ait pour corollaire l'armement universel, et que chaque vote d'électeur ait pour garantie un fusil. Enfin on s'excusait sur les nécessités impérieuses de la situation militaire, qui parlaient plus haut, disait-on, que la prudence politique, et qui exigeaient que, Paris étant une place forte, chaque Parisien, à la veille du siège, devînt un soldat. De ces trois raisons, la première était la seule vraie ; c'était, comme il arrive souvent, celle que l'on ne donnait pas. Les deux autres, qu'on donnait ostensiblement, n'étaient que spécieuses, et cachaient sous une apparence de patriotisme exalté les plus graves périls follement provoqués et l'occasion de mortelles blessures pour la patrie. Le prétendu principe qui veut que le suffrage universel soit armé ne soutient pas l'examen. C'est une de ces applications de la logique à outrance qui caractérise l'école révolutionnaire. — On nous dit : Chaque électeur doit être armé pour défendre les institutions qu'il s'est données. Nous répondons que le vote suffit pour cela, et qu'il est plus sûr que le fusil. En France surtout, il semble que l'électeur ne soit armé que pour renverser les urnes électorales avec les scrutins qui viennent d'en sortir. La seule manière de faire durer les institutions dans notre malheureux pays, après qu'il les a fondées, c'est de ne pas lui donner la tentation avec le moyen de les détruire. Les minorités sont toujours prêtes à en appeler aux armes des décisions du vote. Voilà notre grande hérésie nationale, et, tant qu'elle durera, l'armement de tous sans discernement, sans garantie, sera la plus meurtrière des utopies. Aussi voyez ce qui arrive : chaque révolution a pour prologue l'armement universel et pour épilogue le désarmement. Si vous réclamez l'application,

Elme-Marie Caro

coûte que coûte, d'un principe fort contestable, au nom d'une logique outrée, au milieu de tant de passions ardentes et au risque de la plus effroyable guerre civile, je vous félicite de votre sang-froid de logicien ; vous n'êtes ni un patriote, ni un politique. D'ailleurs le vote lui-même implique certaines responsabilités, certaines conditions d'indigénat et d'innocence judiciaire dont il n'a été tenu aucun compte pour la distribution des armes. On les jetait par brassées dans certaines mairies où des chefs improvisés les distribuaient à leur gré. Combien de ces soldats et de ces chefs eux-mêmes ne figuraient pas sur les listes électorales, et cela pour de bonnes raisons que des procès scandaleux révélèrent plus tard ! Le principe même qui prétend armer le suffrage universel fut audacieusement violé au profit d'aventuriers de tout pays. Ainsi la garde nationale vit peu à peu s'altérer son véritable caractère ; elle fut envahie par cette révolution internationale, qui, une fois armée, nourrie, habillée, entretenue par nos soins vigilants, ne voulut plus désarmer. J'arrive enfin à la raison militaire, la plus mauvaise de toutes. On avait sous les armes 300,000 gardes nationaux ; 20,000 à peine eurent l'occasion de tirer un coup de fusil contre les Prussiens. Les autres garnissaient les remparts, et remplissaient les rues de leur turbulente inutilité. La mesure pratique eût été de faire dès le premier jour ce qu'on fit aux derniers jours du siège : lever sous certaines conditions d'âge des bataillons de marche, les exercer à fond, les rompre à la discipline, les encadrer dans l'armée active et dans les régiments de mobiles, qu'ils auraient ranimés de leur ardent et jeune patriotisme. On vit à Montre tout quel parti on aurait pu tirer d'une pareille milice. On s'en aperçut le jour même où on lui demandait un héroïsme inutile, la veille de la capitulation. Tout le reste formait des multitudes indisciplinables où des éléments excellents étaient noyés, qui ne firent qu'embarrasser la défense, et qui plus tard servirent merveilleusement l'insurrection, soit par un concours actif, soit par le concours presque aussi funeste de leur inertie.

Je touche un sujet plus délicat en parlant de la solde ; mais ces deux sujets se tiennent : on distribuait des fusils à tous les citoyens pour justifier la solde, on créait la solde pour avoir le droit d'armer tout le monde. Et par là on désorganisait le peu de travail qui restait encore ; on vidait les ateliers, on donnait à l'oisiveté l'apparence d'une occupation utile. Je n'ignore pas les terribles circonstances où l'on était réduit : il fallait à tout prix subvenir à l'affreuse misère qui résultait du chômage universel ; mais il ne m'est pas démontré que l'on ait pris le bon moyen pour y remédier, et peut-être a-t-on pris le plus mauvais. Qu'on multipliât les allégements de loyer et les secours de toute sorte, que l'on répandît sur la plus vaste échelle l'excellente institution des cantines nationales, que l'on établît par tous les sacrifices possibles la vie à bon marché et même dans la plus large mesure la gratuité de la vie, rien de plus naturel et de plus juste ; mais la solde avait le double inconvénient d'être une excuse pour la paresse et de ressembler à un droit. Combien d'ouvriers honnêtes, mais faibles, ont été détournés de la reprise de leurs travaux par cette dangereuse facilité de vivre mal aux dépens de l'état, bien plus mal qu'ils n'eussent vécu de leur travail et bien moins utilement pour la patrie ! Sous prétexte de ménager la dignité du peuple souverain, on dissimula sous le nom de solde un subside patriotique et momentané. C'était bien mal comprendre cette dignité et bien peu la ménager. On créait ainsi une sorte de rémunération régulière pour l'accomplissement d'un devoir qui n'a sa signification que s'il est gratuit. On ôtait à ce service sa principale valeur, qui est d'être libéral, en l'assimilant à un service mercenaire ; on habituait l'ouvrier à croire qu'il avait assez fait pour la patrie et pour sa famille en se présentant à l'appel de chaque jour pour recevoir ses 30 sous. Ces réunions journalières étaient devenues, après quelques semaines d'un beau zèle inutile, le prétexte de l'oisiveté et de la dissipation, l'occasion des jeux les plus puérils ou des excitations les plus dangereuses sous l'action des mots d'ordre clandestins et dans la main des meneurs. Il y avait quelques quartiers où la milice parisienne était devenue insensiblement un vaste atelier de la paresse nationale. Combien ces causes diverses, créées, entretenues par un gouvernement qui se piquait de moralité, aux frais d'une république qui ne se croyait pas si riche, aggravées par les circonstances, la souffrance, le mécontentement, par la critique universelle qui n'épargnait pas plus, hélas ! le gouvernement nouveau que l'opposition n'avait épargné les gouvernements anciens, combien tout cela contribuait à démoraliser le peuple, on le vit pendant le siège, on l'a senti depuis, on l'éprouvera longtemps. Pour nous en tenir à ce petit fait,

Elme-Marie Caro

si médiocre en apparence, si considérable dans ses conséquences, la conservation de la solde a été un des buts les plus clairs que s'est proposés la dernière insurrection ; l'armement universel lui en a fourni les moyens. C'est que l'habitude du travail ne se reprend pas à un signal donné dans une société si profondément désorganisée. Et cette solde, réclamée comme un droit, comme si la province laborieuse avait l'obligation de nourrir l'oisiveté militaire de Paris, cette solde est devenue l'instrument le plus redoutable des agitateurs, le salariat de l'émeute.

Voilà à quels abîmes nous conduisirent fatalement, et pas à pas, les nouveaux chefs qui s'étaient spontanément offerts à la France. Un homme d'état quelque peu prévoyant, ou moins soucieux de plaire à la multitude, aurait à tout prix éludé ces décisions funestes d'où la guerre civile devait sortir ; mais il fallait rester populaire, tout le secret est là. La pierre de touche d'un homme d'état, c'est le courage qu'il a de mettre son opinion en travers de l'opinion plus ou moins instinctive des foules. Si l'on n'a pas dans les grandes occasions l'audace de l'impopularité, on peut être un tribun, même un orateur, on ne sera jamais un homme politique dans le sens élevé du mot. Le malheur des hommes qui composaient le gouvernement du 4 septembre, c'est que tous, plus ou moins, s'étaient préparés au pouvoir par la recherche ardente et corruptrice de la popularité. Les thèmes préférés de leur opposition avaient été presque constamment ceux que leur dictait la passion de l'heure actuelle et de la multitude. C'est d'ailleurs une justice à leur rendre de dire qu'en toute occasion ils avaient flétri avec la verve d'une raison indignée les ministres du souverain qui le trompaient en l'isolant de plus en plus, en le séparant des vrais courants de l'opinion, du milieu réel des faits et des hommes ; mais eux-mêmes n'avaient-ils pas été les serviteurs bien empressés, les ministres trop complaisants d'un autre souverain ? N'avaient-ils pas été ses courtisans attitrés, officiels ? n'était-ce pas sur ses mobiles faveurs qu'ils avaient édifié toute leur fortune politique ? Aussi voyez les conséquences. Les voilà portés au pouvoir par cette fameuse acclamation qui devait plus tard les renverser, les voilà siégeant à l'Hôtel de Ville, leur capitole d'un jour ; on dirait qu'ils ne s'appartiennent plus : en effet ils appartiennent à un tyran de qui c'est une rude affaire que de mériter ou de conserver les bonnes grâces. Après avoir proclamé sans droit la république, que le peuple de Paris demande, ils ajournent sans droit les élections, qui semblent lui déplaire. Pendant tout le temps du siège, ils s'abandonnent passivement avec une sorte d'imprévoyance folle à toutes les chimères d'un optimisme irréfléchi que leur bon sens ne partage pas, mais qui flattent l'orgueil du peuple ; ils prolongent son rêve par de misérables artifices, craignant son réveil, qui devait être d'autant plus terrible qu'on l'avait retardé par des expédients. Ils se laissent acculer de jour en jour, presque d'heure en heure, à l'extrémité la plus désespérée, différant l'aveu qui doit déplaire au peuple, au risque de subir de la part de l'ennemi les plus dures conditions. N'avait-on pas négligé systématiquement toutes les occasions raisonnables de traiter que n'aurait pas manqué de provoquer ou de saisir un véritable homme d'état moins soucieux de l'opinion irresponsable que de sa propre responsabilité, assez patriote pour jouer son impopularité momentanée contre le salut de la France, assez avisé pour réserver les forces presque intactes du pays et préparer les revanches de l'avenir ? Était-ce bien un gouvernement, cette réunion d'hommes uniquement appliqués à consulter les variations de leur popularité au thermomètre de l'opinion parisienne ? Enfin, quand tout fut consommé, ce furent des périphrases qui furent chargées de nous annoncer la ruine de nos espérances. La capitulation la plus rigoureuse devint sur les affiches blanches « une honorable convention. »

Ce beau langage trompa pendant quelques jours le peuple de Paris sur l'étendue de son malheur. Qu'y gagnait-on que de bercer un instant sa colère ? Puisqu'il avait été impossible de conjurer la catastrophe, il eût été plus noble de l'annoncer avec cette simplicité d'accent qui convient au courage sans espoir et au devoir accompli. La périphrase, qui n'était qu'une faute de goût, fut aggravée par une faute politique qui devait produire les derniers malheurs. Pour ressaisir un triste regain de faveur de la part de ce peuple devenu ingrat, on insista pour obtenir (Dieu sait à quel prix) de la bienveillance ironique de M. de Bismarck le dangereux privilège de laisser à la garde nationale de Paris ses armes et ses canons, tandis qu'à ses côtés l'armée et la garde mobile subissaient un injurieux et inutile désarmement ; mais de toutes les concessions à une mauvaise popularité la plus grave avait été d'accepter ou de

Elme-Marie Caro

rechercher dès le commencement je ne sais quelle compromission avec le parti du désordre, avec ses chefs avérés, avec ses plus dangereux et ses plus tristes héros. Dès les premiers jours de septembre, on avait admis au partage du pouvoir des personnages trop fameux avec lesquels un gouvernement sensé ne devait avoir rien de commun. Il est vrai qu'on avait promis « qu'ils ne seraient pas les moins sages. » On se vantait à tout propos avec quelque naïveté de traverser une crise effroyable sans suspendre une seule loi. Il eût été plus juste de dire qu'on vivait au jour le jour sans en faire respecter une seule. On avait laissé mettre en liberté, et dans une liberté presque triomphale, les assassins de La Villette et bien d'autres, sous prétexte apparemment qu'un crime politique n'est pas un crime. Avec quelle sollicitude et quelle complaisance, regrettées des gens de goût, on avait distribué aux bataillons des faubourgs suspects des armes perfectionnées et des allocutions pompeuses ! Avec quelle solennité on leur avait apporté de l'Hôtel de Ville des drapeaux brodés avec l'or et les phrases de l'édilité parisienne, — ces mêmes drapeaux qui à quelque temps de là tombaient honteusement souillés dans les tranchées de Créteil ! Les agitateurs populaires furent comblés de caresses, de galons et d'honneurs. Tout cela en vain. Que serait-il arrivé, grand Dieu ! sous ce gouvernement qui se laissait prendre tout entier d'un coup de filet par l'émeute, si dans ces jours de péril suprême, sous le bruit incessant du canon prussien, les hommes d'ordre ne s'étaient pas levés en masse contre ces séditions toujours renaissantes, et ne les avaient refoulées avec horreur par une réaction du bon sens et de l'indignation publique, qui plus tard par malheur s'abstinrent, et laissèrent le champ libre à la folie et au crime !

Décidément, si l'optimisme officiel ne vaut rien pour former des hommes politiques, d'autre part l'opposition systématique est une mauvaise école de gouvernement. On y a pris des engagements de parti qu'on ne peut plus rompre ; on y a soutenu, aux applaudissements d'un public idolâtre, des thèses excessives que l'on ne peut pas, que l'on n'ose pas désavouer quand on passe de la responsabilité légère des discours à celle des actes ; on y a contracté des alliances compromettantes avec des passions impossibles à satisfaire, et que l'on ne peut plus rejeter dans l'ombre. Esclaves et dupes à la fois des coalitions qu'ils avaient formées ou subies, les républicains honnêtes, portés au pouvoir, auront senti cette fois encore l'inconvénient qu'il y a à s'appuyer un seul jour sur le parti du désordre, l'impossibilité de s'en séparer ensuite, la difficulté inextricable de vivre avec lui ou sans lui.

Il y avait deux partis à prendre : supprimer cet élément funeste, le réduire dès le premier jour à l'impuissance, ou bien s'en servir pour dominer le pays en le révolutionnant. On était trop faible pour prendre le premier parti, trop honnête pour prendre le second : on transigea, et nous vîmes pendant cinq mois le règne des girondins. Ce système mixte convenait bien d'ailleurs au tempérament professionnel des hommes politiques qui s'étaient chargés de nos destinées. Il y aurait une étude curieuse à faire sur le genre d'intelligence et de caractère que comporte la carrière du barreau. J'excepte, bien entendu, quelques talents supérieurs qui, par la chaleur et la vigueur de leur âme, ont pu surmonter les instincts et les habitudes de la profession. On montrerait sans trop de peine que la complexion de l'avocat s'accommode mal de connaissances spéciales, précises, approfondies, et ne s'accommode pas mieux d'un caractère individuel et bien tranché. Il lui convient d'avoir une certaine étendue d'instruction, une provision toujours disponible de notions générales propres à s'adapter à tous les sujets, aisées à convertir en lieux-communs oratoires, et qui ne le gênent pas dans l'à-peu-près perpétuel où se complaît sa vague éloquence. Ce qui importe surtout, c'est la souplesse d'un caractère pour ainsi dire artificiel, s'ajustant sans peine à tous les mouvements d'âme les plus contradictoires qui peuvent entrer dans les exigences de la profession, calme ou véhément selon la popularité de la cause ou la faiblesse du juge. À Paris, ce furent les doux qui régnèrent ; en province, ce furent les violents. On peut dire, sans rien exagérer, que nous avons vu pendant cinq mois toute la variété possible des hommes politiques que peut produire le barreau. Je ne sais quel mauvais plaisant a prétendu que cette invasion des avocats fut la huitième plaie de la république. Il est certain qu'on n'en avait jamais vu un aussi grand nombre émergeant à la fois du Palais de Justice et s'élançant au pouvoir. On a dressé cette statistique impertinente en la poursuivant partout, sur les sommets ou dans les régions moyennes de l'administration nouvelle. Sans parler des grands emplois tenus par les coryphées, combien en a-t-on compté de

Elme-Marie Caro

ces secrétaires du gouvernement, de ces secrétaires de la mairie de Paris, sans parler des secrétaires-généraux des ministères ! Il y en avait partout, dans les commissions spéciales, et jusque dans la commission des barricades ! Assurément ceux qui ont du goût pour la rhétorique n'eurent pas le droit de se plaindre : ce fut le gouvernement de la phrase en permanence. Les avocats au pouvoir ne parlaient pas sans doute tous les jours ; mais en revanche combien ils écrivirent, dissertèrent et proclamèrent ! Et dans le nombre que de phrases malheureuses échappées à nos gouvernants, qui tous, s'ils n'étaient pas avocats, étaient dignes de l'être ! Ce langage sonore et creux avait fini par inspirer un ennui irrésistible au peuple souverain ; c'était un agacement universel : on se rapprochait insensiblement des goûts de la nature, qui, au dire des savants du moyen âge, a horreur du vide. Tandis que ces jeux innocents du barreau en vacances nous consolaient, bien faiblement, il est vrai, des rudes épreuves du siège, le proconsulat sévissait en province, d'abord sous la forme doucement plaisante de deux vieillards un peu démodés à Paris, de qui leurs collègues avaient pensé sans doute

« Qu'ils étaient assez beaux pour des rois de province, »

puis sous la forme agitée d'un jeune homme remarquablement doué pour la tribune, mais d'une ignorance égale à ses talents oratoires, d'une présomption supérieure à son inexpérience, à qui les séides étonnants dont il s'était entouré persuadèrent sans trop de peine qu'il résumait en sa personne toute la variété possible des aptitudes civiles et militaires, qu'il savait tout sans avoir rien appris, à la fois Mirabeau d'instinct et Carnot sans études. Singulière expérience, qui nous a montré une fois de plus quel trouble d'esprit peut produire la toute-puissance, et dont la France a été cette fois encore la dupe un instant et pour longtemps la victime !

Ainsi, tour à tour faible et violente, transigeant à Paris avec les chefs du désordre pour. obtenir jour par jour un ordre précaire, se servant d'eux ailleurs pour dominer le pays, incurablement méfiante à l'égard du suffrage universel, toujours disposée à l'altérer ou à s'en passer, révolutionnaire en un mot par son origine, son esprit, ses procédés, la république de 1871 inclinait visiblement vers la fin de sa carrière au jacobinisme le plus pur. Il s'en fallut de peu que l'élément faible et modéré, qui se débattait

36

à Paris dans les ruines d'un pouvoir sans prestige, ne fût absorbé par l'élément violent et dictatorial, qui régnait à Bordeaux dans le bruit d'une popularité factice. Les girondins ne durent leur salut qu'au soulèvement moral de la province exaspérée ; mais déjà un troisième parti, excité par je ne sais quelle détestable émulation, se levait sur le mont Aventin, à Paris. C'est un parti que je ne pourrais comparer qu'à celui d'Hébert et de Chaumette dans la première révolution, en y ajoutant des éléments modernes empruntés aux sociétés secrètes. On l'a vu triompher à son tour dans cette capitale livrée à toutes les expériences révolutionnaires ; on l'a vu siéger, au milieu de l'horreur publique, à l'Hôtel de Ville. Il a acquis par ce règne étonnant de quelques semaines le droit d'être compté parmi les variétés du parti républicain, dont il est la sinistre parodie et j'oserai dire le châtiment. Le 18 mars est-il autre chose en effet que la caricature grotesque et sanglante de toutes les journées révolutionnaires de Paris, et particulièrement du 4 septembre ? Chaque révolution a son contre-coup dans une émeute, qui essaie de la recommencer au profit de quelques vanités criminelles que l'on n'a pas su ou voulu utiliser et de quelques convoitises surexcitées par le succès facile des mouvements populaires. Le 24 février avait engendré les journées de juin ; le 4 septembre engendra le 18 mars. Génération prévue et fatale ! Cette insurrection abominable, mais tramée avec un art pervers, s'appliqua dès la première heure à copier les procédés extérieurs, les discours, l'allure de la dernière révolution. Elle invoquait des raisons analogues, la justice du peuple, le salut public, un droit antérieur et supérieur à toute loi. Elle reproduisait avec la plus perfide adresse le style déclamatoire et vague des proclamations de septembre. Elle poursuivait ses adversaires, ses prédécesseurs immédiats à l'Hôtel de Ville, du cri insensé de trahison. Elle viola l'assemblée absente autant que cela fut possible ; elle la viola, si je puis dire, par contumace. Son gouvernement, tiré en grande partie du fond des sociétés secrètes, fut la parodie du gouvernement révolutionnaire qui s'était nommé lui-même six mois auparavant, et, comme celui-ci avait eu la prétention de régir la France au nom de Paris, celui du 18 mars prétendit dominer Paris au nom de Belleville. La dernière révolution avait placé la république au-dessus de la souveraineté nationale en la proclamant sans consulter

Elme-Marie Caro

le pays. L'insurrection inscrivit à côté de ce dogme indiscutable la république fédérative, qui cachait je ne sais quelle vague idée de sécession, et l'émancipation du prolétariat, comme s'il fallait aux prolétaires une autre liberté que celle de tous, un autre droit que le droit commun. Elle finit par placer tant de choses au-dessus du suffrage universel, qu'il ne restait plus au vote national qu'à contresigner le décret de sa servitude et à en régler les détails. Tout cela fut une imitation fort habile des procédés qui avaient réussi. C'était un audacieux plagiat. L'insurrection y ajouta, il est vrai, l'assassinat, le pillage, la loi des suspects, la terreur, ce qui constitue son originalité. Ce fut une épouvantable explosion de mauvaises passions, d'appétits furieux, de haines sociales. Ceux-là seuls s'en étonnèrent qui n'avaient pas voulu entendre les rugissements du monstre à travers les déclamations des journaux d'énergumènes et des clubs d'insensés où le Paris bourgeois et frondeur s'était obstiné pendant plus de deux années à ne voir que d'amusantes excentricités ou des bouffonneries lugubres.

On se demande comment a pu réussir un seul jour cette orgie sanglante, ce *mardi gras révolutionnaire*, selon le mot prophétique de Proudhon. Est-ce par les fautes du gouvernement et de l'assemblée ? Mais cette assemblée, issue du suffrage le plus libre qui fût jamais, ce gouvernement, issu de l'acclamation spontanée du pays et personnifié dans un nom illustre, n'avaient pas eu le temps de commettre des fautes ; à peine avaient-ils eu le temps de naître, et déjà ils étaient condamnés à mort. Est-ce la clarté, la nouveauté de son programme qui fit le succès momentané de l'émeute ? Mais ce programme, je défie qu'on le définisse. Cherchons ailleurs les causes qui nous expliquent ce prodigieux et scandaleux triomphe. Sans tenir compte de celles que nous avons déjà indiquées, l'illusion des exaltés qui croyaient la république en péril et l'illusion moins désintéressée de ceux qui voulaient à tout prix garder leur solde, une cause très apparente du succès de l'émeute est une certaine démoralisation de la population parisienne, qui a vu passer devant elle tant de révolutions, qu'elle ne sait plus distinguer à première vue les unes des autres, attendant l'issue pour les caractériser, appelant émeute une insurrection qui avorte et révolution une insurrection qui réussit. De là une indécision fatale, une indifférence, non sans curiosité, qui ne s'émeut pas trop, et qui laisse faire, quand un événement de ce genre commence. S'il ne s'agissait pas d'une population si intelligente, si vaillante, et qui a donné pendant le siège de si beaux exemples de ce qu'elle peut oser et souffrir, on serait tenté de donner à cette indifférence des noms bien sévères. On aurait tort assurément ; mais ce qui est vrai, tristement vrai, c'est que les révolutions sont devenues pour elle quelque chose comme un jeu, une autre forme de l'émotion que lui donne son plaisir favori, le théâtre. Elle est au spectacle,… oui, au spectacle de son avilissement et de sa misère, si elle n'y prend garde.

Enfin que l'on considère le caractère cosmopolite de Paris, on cessera de s'étonner du succès momentané d'une insurrection qui, malgré ses prétentions, est moins municipale qu'européenne par ses éléments et sa vraie portée. Paris n'est plus lui-même ; il a été dépossédé, aliéné par son immensité même. Les populations flottantes l'ont envahi et comme submergé. Sans parler des immigrations colossales d'ouvriers attirés de tous les points de l'Europe par le développement insensé des travaux, il offre aux aventuriers et aux conspirateurs de tous les pays une incroyable facilité de s'y cacher et d'y vivre. Au Paris véritable, industriel, commercial, laborieux, s'est ajouté quelque chose d'énorme, de monstrueux, d'indéfinissable qui l'absorbe. Cela s'appelle encore Paris, bien que ce ne soit déjà plus une ville ayant son unité, sa conscience distincte, mais tout un monde à l'état de chaos ou de ruine, un monde désorganisé, amas confus de toutes les langues et de toutes les nationalités, œuvre incohérente et tumultueuse d'un siècle qui compte ses années par des bouleversements, et d'une société minée par de gigantesques conspirations. A voir ce qui se passe, on pourrait croire qu'une sorte de loi historique condamne les trop grandes villes. Comme la Rome des césars, le Paris moderne est menacé de périr par sa grandeur démesurée. Les villes de ce genre sont des espèces de monstruosités incompatibles avec l'ordre, le travail, les vertus laborieuses et saines d'un peuple libre. Le patriotisme s'y perd dans l'esprit occulte et dans la religion farouche des associa-lions internationales, anonymes, sans patrie, sans domicile. Le sentiment municipal lui-même y devient impossible ; il se fausse étrangement dans ces foules cosmopolites et nomades qui sont la révolution ambulante se transportant d'un point à l'autre de l'Europe, *fenians* en Angleterre, *lassallistes* en

Elme-Marie Caro

Allemagne, *nihilistes* en Russie, *mazziniens* en Italie. Paris doit choisir entre ces deux alternatives de sa destinée : devenir la commune révolutionnaire du monde, ou rester la capitale de la France.

Voilà ce que ne voulait pas comprendre, il y a deux ans, l'opposition systématique, quand elle imputait uniquement à un jeu odieux de la police les premiers tressaillements de l'émeute, quand elle réclamait l'éloignement de l'armée régulière, qui gênait, disait-on, la libre expansion de l'opinion publique, jusqu'au jour où l'opposition, devenue gouvernement, trouva en face d'elle, le 31 octobre, le 22 janvier, le 18 mars, les mêmes adversaires dont elle avait accepté l'imprudent patronage, et qui avaient agité les derniers jours de l'empire. Voilà ce que n'osait pas reconnaître, dans la dignité émue de son patriotisme, M. Jules Favre, quand à Ferrières il répondait à une insolence de M. de Bismarck : « M. le comte, il n'y a pas de populace à Paris, il n'y a que des citoyens ! » La populace, il l'a vue à l'œuvre plus tard, s'acharnant sur les ruines de la patrie et ajoutant à la ruine le déshonneur. Il a senti lui-même ses coups. Il n'a pas craint de la flétrir en laissant déborder l'indignation de son âme. C'est qu'en effet il y a une populace à Paris. On ne gagne rien à vouloir ne pas la voir ; mais ce n'est pas une classe sociale, c'est une catégorie morale qui se recrute, parmi toutes les classes, des ambitions impuissantes, des jalousies souffrantes, des paresses incurables, des convoitises furieuses. On appartient à la populace par les vices de l'âme, non par la misère. Vous la reconnaîtrez à son langage forcené et à ces deux signes qui ne trompent pas : la haine civile et l'absence de patriotisme. Quand je pense à cette noble république dont le nom est invoqué, célébré ou profané par tant de bouches différentes, je me la figure volontiers sous l'image de la Sirène antique, tête divine, radieuse dans la lumière, et finissant par une forme monstrueuse qui rampe dans l'ombre et dans la fange. C'est bien là le symbole de la république en France, commençant par les chants, par les hymnes, par l'âme et l'imagination d'un Lamartine, se terminant aux déclamations féroces d'un Blanqui : déesse en haut, monstre en bas.

Telles sont les variétés du parti républicain qui se sont montrées successivement à nous pendant ces derniers mois, et qui ont compromis, bien qu'inégalement, la république. L'une, la portion sincère, honnête, modérée, a eu le tort de ne pas répudier la révolution comme moyen, sinon comme but, et de s'appuyer sur elle pour parvenir à ses fins, sans prévoir qu'elle ne pourrait plus s'en délivrer. L'autre, l'élément dictatorial et jacobin, a commencé par la révolution, continué et fini par elle. On a vu la troisième, que j'ose à peine rapprocher des autres, et qui ne s'en rapproche que par la date, ajouter à la révolution la terreur. La gironde, la montagne, l'hébertisme, ce sont les trois phases successives, et, comme diraient les Allemands, les trois *moments* de l'idée républicaine qui viennent de se répéter devant nos yeux à quatre-vingts ans de distance après leur première apparition. Il en est temps encore : rompons une fois pour toutes cette logique fatale qui les enchaîne entre elles, et qui les attache au nom de la république. Pour s'acclimater dans nos mœurs et dans nos goûts, la république doit appartenir à tout le monde, et non à un parti, fût-ce aux honnêtes gens du parti. Elle doit être la chose vraiment publique, non le patrimoine d'une caste, Que son nom représente une administration sérieuse, pratique, libérale aux mains de vrais hommes d'état, non plus une succession d'émeutes sanglantes ou une monotone déclamation ; qu'elle devienne enfin la forme naturelle de l'ordre, au lieu de se confondre éternellement avec la révolution. À ces conditions, elle sera possible en France ; à ce prix, si nous consentons à nous imposer cette rançon de sagesse et de patriotisme, nous mériterons d'avoir notre Washington.

ISBN : 978-1535334570

Elme-Marie Caro

www.ingramcontent.com/pod-product-compliance
Lightning Source LLC
Chambersburg PA
CBHW060342290526
45793CB00003B/694